MW00881612

ARCHIPIÉLAGO DE SUEÑOS Y VERSOS

MARTINA SORIANO

"No dejes de creer que las palabras y las poesías sí pueden cambiar el mundo".

Walt Whitman

DEDICATORIA

A mi hermana Micky, por su apoyo a través de la vida y las historias compartidas.

A Miguel Acevedo, por su amor a prueba de desvelos y por su solidaria compañía.

AGRADECIMIENTOS

A Sabrina Román,

José E. García

y a Yan Páez.

Con valoración, por sus colaboraciónes y generosidad.

Prólogo
Archipiélago de Sueños y Versos Expresión Poética de Martina
Soriano... 11
Sabrina Román

PRÓLOGO

TRANSITANDO POR LA POESÍA DE MARTINA SORIANO

La poesía, a mi modo de ver y sentir, es tal vez la más segura y flexible de las naves en las que el alma humana logra transitar, moverse de un lado a otro por los caminos del tiempo, la vida y sus infinitos archipiélagos de aventuras congregadas alrededor de nuestro destino. Una nave atesorada de asombros, luces, música y colores que, a golpe de ritmo, cadencias, entonaciones de la imaginación, mientras se desplaza en complicidad con el universo, va transformando realidades, objetos, lugares, coyunturas históricas y cotidianas en mágicos y misteriosos eventos, a ratos, inexplicables para la razón.

En este específico instante al hablar de "archipiélago", estoy refiriéndome a Martina Soriano, a su hermoso y extraordinario: "Archipiélago de Sueños y Versos". Una agrupación- no de islas en medio del mar- sino de poemas íntimos, subjetivos, en los cuales Martina de forma introspectiva sumerge su espíritu en un diálogo consigo misma, colmado de reflexiones, sentimientos, nostalgias, antiguos naufragios, emociones puras y luminosas, logrando así despertar de inmediato nuestra sensibilidad a pesar de que muchos definen la poesía en estos tiempos es como un paraíso que se desvanece. Digamos que, con la entrega de estos poemas tejidos en un conmovedor lenguaje lírico, Martina Soriano, de algún modo, desmiente verso a verso ese supuesto desvanecimiento.

Hoy me encuentro frente a la tercera producción literaria de nuestra poeta, psicóloga, periodista y gestora cultural, nacida en la provincia Espaillat, en República Dominicana.

Martina, en su obra, se revela como una "Gran Cantora" de la vida, del mar, del azul del cielo, de la luz, de la pasión y el amor en el amplio espectro de la palabra. Elogia amorosamente el hechizo de la noche bajo el fulgor de las estrellas.

Se asoma con sus ojos abiertos y sin temor a la perplejidad de los azares con sus extraños "códigos y acertijos". Con una impecable voz y una profunda percepción antropológica, nos confiesa inmune al tiempo: Cito:

"Me asombra el tiempo,
me sorprende la vida,
sus códigos y acertijos.
Soy diana, que rompe las telarañas del silencio,
que se viste con los colores del mar,
sin miedo a la mirada del sol".

En la intimidad de sus versos tropiezo con la recurrencia del mar, del color azul, como nuestro planeta. Como Sirius, Estrella Azul de los Hopi. Martina nace en una isla anclada en medio del mar Caribe. El mar ciñe su entorno interior, instintivo, vital. El mar, entrecruza en pocas palabras los meridianos de su aliento poético convirtiéndose de forma oceánica en su intimidad, como se convierte también el amor, la poesía, su isla, así como su percepción de los misterios humanos.

Sale a mi encuentro de igual modo, una voz bajo el influjo de la cual la poesía de Soriano se envuelve en un lenguaje profundamente místico, desaparece la soledad, nace un extraño diálogo que acapara toda mi emoción y me hace cómplice de su incertidumbre, de la búsqueda de respuestas y la necesidad de un poco más de certezas para continuar transitando, liviana y feliz, en la gran nave de la vida que es sin duda la poesía como el arte de alzar el vuelo con el aliento de sus alas coloridas.

Suelo recurrir a menudo a fragmentos del libro Cartas a un joven poeta. He vuelto a ese epistolario en ocasiones infinitas. Me resultan esas cartas de Rilke un oasis en medio del desierto y movedizo panorama del mundo actual: "pregúntese en la hora más silenciosa de su noche: ¿debo escribir?" Si la respuesta es un sí absoluto, "entonces construya su vida según esa necesidad".

Al leer Archipiélago de Sueños y Versos - respiré el "sí absoluto" a la pregunta de Rilke de parte de nuestra poeta Martina Soriano. Arte y realidad, cotidianidad y poesía, ser vital y dinámico que trasciende y transforma su espacio.

Ella, indiscutiblemente, transita por la tierra, por la existencia, por la vida, y desde sus entrañas emerge continuamente el aullido de un alma que confiesa estremecida de honestidad, sencillez y una profunda compasión por todo aquello habitando la cercanía de su entorno. Cito:

"Me desplazo en las alas de un cometa, contemplando la llegada de una estrella polar.
Mi espíritu se eleva en la belleza del poema.
Soy integrada materia
que crece en la dialéctica,
en la vastedad del universo".

Deslumbramiento, vértigo, silencio, búsqueda, se acomodan dentro de Martina íntimamente para transformar en lenguaje poético la complejidad de aquello que abraza su existencia en el trajín del diario vivir. La conciencia del transcurrir de la vida diluida en idas, regresos, partidas y retornos conforman una estética de luz en su poesía.

"Me voy —la poeta nos dice—
me llevo mi equipaje
mi existencia kármica,
mi aura amarilla,
mi esotérico aliento,
me llevo el aire,
la luna que guardo
en mi bolsillo".

El fervor creador acompaña a Martina en casi todos los universos en donde arriba. Humedad, rayo de luz, atmósfera de sueños, nostalgias de la patria lejana que vuelve al corazón del recuerdo, como las olas regresan a la playa empujadas por corrientes de viento. Así abre de par en par su alma la poeta y nos confiesa en el poema, La Vida.

"Excusas que salvan la puesta de sol,
arcoíris que abrazan desde su lejanía".

En la medida en que he ido surcando las páginas de Archipiélago de Sueños y Versos la originalidad de algunas de sus metáforas me conquista despertando mi asombro. De pronto Martina me sorprende encima de las alas de un cometa. Se remonta en un vuelo de luces al lejano universo y aparece plácidamente contemplando la llegada de una estrella polar chamuscada de fuego celestial.

Por otro lado, veo como la poeta Soriano ha sido capaz en su travesía por la vida, de abandonarse a sí misma para ser todos nosotros, la humanidad entera.

Mientras leía el poema "Desde mi ángulo", sentí que Martina despojaba su alma de todo plumaje, rompía las barreras del viento y del tiempo y lanzaba al infinito todo su ser. Se esparcía en el espacio. No más fronteras, muros, ni paredes. Se resiste a aceptar —como pensaba Ortega y Gasset— que el "hombre se encuentra de por vida recluso en su cuerpo".

Su voz insular y solidaria organiza el silencio de las palabras de forma magistral en un archipiélago de inseparables versos – islas. Estos versos ejercen todo tipo de resistencia antes de renunciar a escoltar el vuelo de Martina, así como también persisten en mantenerse activos en el oleaje de la tensión poética durante todo el transcurso del libro.

Su poesía es una búsqueda de libertad y al mismo tiempo de certidumbres. Al navegar las horas y los días con sus mareas altas y bajas nuestras profundas convicciones sufren los avatares de ráfagas emocionales, angustias existenciales provocadas por el sólo hecho de estar vivos.

De repente Martina en un inesperado alumbramiento, emerge de aquella turbulencia convertida en una mágica flor capaz de quebrantar el tiempo. Flor que a nada teme…"La flor que resiste los vientos", del poema Perennidad. En fin, la intimidad entre lector y autora surge a muy pocos segundos de iniciar la travesía por estos poemas. Se despierta mi imaginación y simultáneamente mi honda admiración. Percibo una profunda honestidad en cada uno de los versos e imágenes utilizados por Martina. Del mismo modo, la claridad de su estilo, el dominio y conocimiento de las palabras escogidas para comunicar sus pensamientos.

Mientras más adentro en Archipiélago de Sueños y Versos más gozo de la sensación de ser arrastrada por la fluidez del lenguaje, el ritmo y la plenitud de imágenes que me colocan ante una poeta consciente de que la poesía, como declaré al principio definitivamente es la más segura y flexible de las naves en la cual el espíritu logra franquear los límites terrenales y elevarse por encima de su propio firmamento.

Sabrina Román.

TE DOY

Te regalo la plenitud del alba,
estos dormidos lirios,
mis magnos pensamientos,
el esplendor de mi risa.

Te regalo, el trino de las aves
el amanecer
y la música,
mi pasión y mi eje,
la sinfonía del verso,
el arte y la inmortalidad.

En este delirio
de regalarte cosas,
te regalo mis noches en celo
y la magia de mis húmedos besos.

EL CANTO DE LA PALOMA

Soy el canto de la paloma,
trémula caricia que redime,
erótica e ingenua canción
que vaga en medio de la noche,
mágico desborde de quietud,
linterna que ilumina el alba.

Soy tranvía que esparce
la erosión de fugitivos sueños,
ira asfixiada en medio de la pausa,
también consumado amor
que prolonga la vida.

TRANSITANDO POR LA VIDA

Me asombra el tiempo,
me sorprende la vida,
sus códigos y sus acertijos.

Soy diana, que rompe las telarañas del silencio,
que se viste con los colores del mar,
sin miedo a la mirada del sol.

Me desplazo en las alas de un cometa,
contemplando la llegada de una estrella polar.
Mi espíritu se eleva en la belleza del poema.

Soy integrada materia
que crece en la dialéctica,
en la vastedad del universo.

TE AMO

Si digo te amo
es porque mi pluma
escribe libres,
profanos versos,
es porque a tu lado
mis islas se pueblan de
energía y encanto.

Si digo te amo,
las palabras amuralladas se liberan,
dejan atrás las diluidas miradas del silencio.
Las sílabas imprecisas se quiebran,
en la urbe del pensamiento abstracto.

Si digo te amo, se multiplica la certeza
y los desafíos se convierten
en metáforas.

CODIFÍCAME

No quiero más angustia
en la superficie de tu cuerpo.

Renueva la palabra ternura,
siéntete camarada de la sonrisa y
las estrellas,
de la divinidad solar y del
lenguaje del planeta.

Vuelve a comunicarte,
quiero que codifiques
los mensajes
de mi cuerpo.

POEMA DE MEDIANOCHE

A medianoche
cuando la orfandad del silencio
encuentra dueños,
cuando las palabras
hallan sus espacios,
cuando los pudores
se convierten en poemas
y ni siquiera con los ángeles
se comparten los secretos,
a medianoche,
cuando la indefensa memoria
decide descansar, te quiero más.

PERENNIDAD

Soy
esa flor
que no quebranta el
tiempo.
Una flor que no ha encontrado
abismos.

La flor
que resiste
los vientos.

La perfumada flor
que te ofrece
su polen.

La que sobrevivirá
a los siglos.

TU IMAGEN

Erijo tu silueta
sobre grietas
entre paréntesis,
con lenguajes
que desnudan el sol.

Erijo tu imagen,
en las leyendas y las fábulas.

Bajo la súbita
desbandada de las aves
y desmoronadas pausas,
que se hacen más frágiles
frente a mi muro azul.

ENTRE LA POESÍA Y EL TIEMPO

A mayo
lo sorprendió un final
de luciérnagas.

Una triada de lluvias, relámpagos
y truenos.

Taciturno,
débilmente
se resistía a irse
y en su discreta ida,
lo acompañaba la primavera.

Se fue en silencio,
entre la poesía
y el tiempo.

POR TI

Por ti he abierto mis párpados,
mis ojos enrojecidos
y cansados.

Por ti he dejado de ser
una mujer inanimada,
una metamorfosis de confusos y
vagos sentimientos.

Por ti he llegado a ser
mitad luna, mitad fuego,
mitad agua y tierra.

Por ti
habitan
en mi cuerpo todos
los planetas.

DANZA NOCTURNA

Noche que no duerme, que
con desvelo contempla
mi apasionado rostro.

Noche de luces y cánticos,
concierto de lunas y estrellas,
aparición de astros y deseos,
estallido de pasiones que danzan
en mi alcoba.

Túnel de un retiro y
mil regresos,
peregrinar de rayos
y centellas.

Noche soñada en versos
y amanecida en prosa.

Vuelo nocturno
que alzan mis vientos,
entre tus alas rojas,
que une la tempestad de tus océanos,
con el febril erotismo de la noche.

OLOR DE HOMBRE

Olor que me hace cruzar mis siete puertas
y que pone a temblar mi sexo y mis sentidos.
Olor al que me rindo sin darle tiempo a
rendirle homenaje.

Olor, tentación y demonios,
que yo convierto en celestial
y ángel.

Olor que encuentro en la tiniebla
y en mis noches de insomnio,
divinidad con la que te actualizo
y te tengo,
con la que te persigo
y te siento.
Olor a tierra,
a hierba,
a piel mojada.

Olor a hombre,
irremediable olor que con prisa percibo,
porque sólo tu olor duerme conmigo.

DÉJAME TOCARTE

Déjame que te toque,
porque al tocarte mi piel rejuvenece.

Déjame sonreírte
y explorar con mi risa tus lugares ocultos.
Deja posarme en ti y alzar el vuelo cuando,
mis fuerzas estén casi vencidas.

Deja que te mire
con los ojos que nunca han visto
más allá de tus ojos.

Deja que te acaricie
con mis labios
cansados de tanto estar cerrados.

Deja que me pose
en la mitad de tu cuerpo,
donde me veras pasar y venir otra vez.

HOMBRE DE FUEGO

Te imagino polvo
y larva,
erupción en constante movimiento.

Te imagino callado,
peligroso,
pasivo
y traicionero,
ardiente e insaciable,
quemando mi cuerpo.

Te imagino calor y fuego,
hombre volcánico de todos mis tiempos.

COMPAÑERO

Erguida figura que resplandece como antorcha,

suspiro en medio de la noche,

refulgente lucero que precipita la aurora,

gemido que ilumina el alba,

espejismo que despuebla angustias,

compañero que

siembras de esperanza el sendero.

Al abrir mis ojos,

te busco como amante perdido.

MARIPOSA DE LA NOCHE

Mujer que recorre las calles,
gemela de insomnes madrugadas,
figura que se pierde en medio de la oscuridad.

Mujer atrapada en la bruma de la noche,
en el humo que invade su cuerpo,
pisada nocturna que desnuda el alba,
huella de incógnitos apellidos,
divagante estrella,
que de tanto andar
va perdiendo su luz.

DOS CORAZONES

A Tina Michele y Michael

Tengo dos corazones latiendo en mí,
sintiendo su ternura y su calor.
Tengo mis ojos clavados en sus años
y mis manos tendidas al sol.

Tengo mis sueños soñando sus sueños,
su primavera y su prisa.

Tengo su figura masculina
y su silueta femenina sentadas en mis óleos.

Tengo mis motivos y sus motivaciones,
más allá del silencio
y más allá del embeleso de sus miradas.

VIEJO MAR

En esta anciania tuya,

cuando tus vértebras se encuentran

clavadas en la frontera,

te asomas a mi ventana,

tú atormentado,

yo con este mayúsculo amor.

Casi ausente te encuentro entre los arrecifes que
pueblan mi archipiélago.

Con sosegado instinto,

llego a ti a contemplar tu aire de grandeza.

Rauda,

te busco entre apacibles olas

y te hallo mordiendo tus orígenes.

Firme,

estática,

impersonal,

veo entre tórrido sonido

que en ti se universaliza el alba,

que en tus entrañas, vuelan

descalzas gaviotas buscando el génesis.

LOS SECRETOS DEL MAR

Camino de playa y arena,

de dunas y manglares.

Dime, ¿en qué suelos escondes tus tormentos,

en qué espumas mitigas tus quebrantos,

en qué archipiélago te multiplicas

y sueñas?

Dime, ¿a qué corales has robado la calma

y en qué roca estacionas tus huellas?

Inmenso mar,

manantial de risas

y confidencias

Dime, ¿ en qué burbuja

ocultas tu misterioso encanto?

TRISTEZA

La tristeza se ha convertido en mi sombra
y llega a mi casa sin anunciarse.
Yo la veo entrar con sus incógnitos pasos,
buscando compañía.

La tristeza reclama mis ideas y mis pensamientos,
mi dimensión y mi espíritu.

La tristeza merodea mi alma y
se sienta en mi espacio desde
que yo era niña.

Hoy la tristeza abandona mi cosmos
y se lleva su pena
y su melancolía.

LOCURA

Hoy me levanté con la locura
que a veces me hace sabia
y otras veces tonta.

Esa locura con la que te rechazo y
otras veces te acepto.

Con mi locura pálida, desaliñada y triste.
La que sólo mi inconsciente entiende,
ve y acepta.

Con la locura lírica en la que me amurallo,
en la que sólo caben los colores de un sueño,
la compañía de un verso.

Hoy desperté con la locura que sólo ven tus ojos,
ésta, que aun siendo mía,
interfiere contigo.

EL BOHEMIO

Dejó de ser el gladiador
una noche encendida.

La brisa ardiente lo encaminó a
su triste sendero.

Jadeante la lluvia lagrimea su orfandad perenne
mientras él, tempestuoso trovador engendra el verso.

Ingenuas sílabas sembrará sobre el huerto,
en su vespertino soñar de primavera.

En ellas su presencia invisible reaparece
y se pierde,
en un espacio de esplendor lejano.
Paréntesis imperfectos pululan su existencia y
en víspera de abril lo invaden ebrios e inmortales
recuerdos.

Y tú hacedor de sueños,
de inválidas palabras,
reproduces lástima,
silencios,
espanto y miedo.

Legendario fugitivo del aire y la alameda,
con devota costumbre se le oye gritar:
Luna oscura, tierra sorda y muda,
desagraviado corazón de claustro y féretro, acude a
sepultar
estos fúnebres y envejecidos huesos.

PEREGRINA

Soy compañera de la noche
y del silencio.

Nómada que recorre caminos,
con intenciones de conocer
otros mundos, otro sol.

Peregrina que busca la grandeza
de tus tierras,
en la brillantez de las palabras,
en la armonía de tu acento
y la calidez de tu voz.

Soy peregrina de los sueños que
se escudan en tu mirada.

REFLEJO

Contemplo tus manos
y veo el mundo fraccionado en ellas,
observo tus pies
y descubro la acumulación de tus dolores.

Miro tu rostro
y veo en el regocijada la injusticia,
me detengo en tu cuerpo
y veo la nubosidad,
la sombra
que arrastra tu herencia.

MAÑANA

Mañana al levantarte,
miraras tus lúgubres
y lacerados huesos,
que ya no caben en tu geografía,
el firmamento de verdugos
que se disipan en tu constelación.

Espectros que se esculpen en los latidos de tu corazón,
disipada convergencia que se dispersa
en medio de la diafanidad y el oprobio.

MUJER DE TODOS LOS TIEMPOS

Te multiplicas
bajo la aridez de esta tierra
casi estéril,
casi vieja,
casi muerta.

Te multiplicas en la duda
y la certeza.

En la pasión y la espera,
en la promesa y la vacilación,
en la seducción del territorio
que habitas.

LUZ DE AGUA

Soy mujer

y me desdoblo,

para encontrarme

en mis cristalinas aguas.

Soy mujer

a cada minuto,

bajo cualquier mirada.

Soy mujer,

materia, espejo

y alma.

Soy mujer

y me aferro a mi luz,

a mis instintos,

a mi voz,

a la palabra.

VEJEZ

Tengo los años multiplicados por el cansancio,
años que caminan entre oscuridades
y luces.

Muchos años cansados de todo lo vivido,
decenas de años descansando en mis ojos
y en mi piel.

Tengo los años
misteriosos y extraños
que me niego a contar.

Los años que al pasado
ya pasaron y los que
a paso lento
han de llegar.

Tengo tantos años
que olvido mi nombre y
mi presente.
Vivo mis años abrazada al viento.

TERCERA EDAD

Estoy sentada en este antiguo sillón,
con la piel caída y la fe descalza.

Retrocediendo las horas,
quitándole años a las edades.

Viviendo la tercera edad
sin apasionamiento.

Estoy sentada en un rincón,
casi invisible,
casi olvidada.

Estoy aquí, con mis manos pálidas
queriendo alcanzar la madrugada.

Soy un poco paz,
un poco aliento,
una sombra que se pierde
en la nada.

BRISA DE OTOÑO

Hoy siento que los siglos
han caído sobre mis entrañas,
sobre mi vientre,
sobre estos viejos escombros.

Hoy me siento arrecife,
alga marina,
hoja caída,
aliento clandestino quizás.

Una brisa de otoño
que se apaga,
en las esquinas de la lejanía y la soledad.

LÁZARO

Llegó un diez de abril
cantando un son cubano.

Con su historia y sus versos diluidos,
con su censura
y sus océanos desbordados.

Con su imperceptible cicatriz
de la ciudad que vagamente extraña.

Llegó para continuar su existencia
de placeres y tedio,
de rumba y ruido,
para dejar atrás el sol
y el olvido.

PARTIDA

Me voy,
me llevo mi equipaje
y mi existencia kármica,
mi aura amarilla,
en esotérico aliento;
me llevo el aire,
la luna que guardo en
mi bolsillo.

Me llevo el agua,
el aire, la fuente
y los dedos de cuarzo
que me atan
a la vida.

CONVERSATORIO

Dile a los cactus que
ya entiendo
el porqué de su soledad,
sé que están ahí
y no reciben ni el llanto
de la lluvia.

Sé que los asedia
la quietud y la nada,
que su inalterable litoral
es de mudez y olvido.

Dile que en sus abismos
tengo escondida el alba.

LA VIDA

Lecturas apresuradas,
buscando recuperar el tiempo perdido,
jornadas cotidianas con su repetido tedio,
competencias y afanes obligados,
prisa y ocupaciones que angustian,
que multiplican el cansancio.

Excusas que salvan la puesta de sol,
arcoíris que abrazan desde su lejanía,
firmeza que debe ser visible,
objetivos logrados y dos días señalados
para descansar.

DEJA

Deja que desangre la tarde,

grita y blasfema su nombre,

embriaga si quieres tu desierto,

que tiemblen tus manos congeladas.

Invoca los poderes sobrenaturales,

huye a otras tierras, a otros mares,

a la estancia y refugio de invierno,

que mañana,

las cinco letras que componen tu nombre,

se llenarán de espanto.

DESDE MAYO

Tu nombre se encuentra encadenado en
un lugar baldío.

Desde mayo,
tu nombre cuelga del cielo,
fuera de la geografía.
Se calcina en el corazón del sol
y se fragmenta.

Tu nombre vaga en el insondable
camino de la desesperación y la agonía,
entre la ansiedad y el miedo.

MIGRANTE

Con aire citadino
marchó el hombre del pueblo,
le huía a los recuerdos,
al presente,
al inexorable y agonizante tiempo.

Se fue solo,
su soledad se confundió
entre las multitudes.

Y vive con su duelo migratorio,
con la habitación vacía,
compartiendo la añoranza
con el silencio,
transitando su nostalgia por la
ciudad, en su anónimo andar.

ANDANZAS

Taciturna y enmudecida
pasea la poesía,
con enigmas y gemidos sobre
sus costados,
en busca de una nueva alborada.

La poesía sobrevive
en la memoria de los duendes
que me visitan en la madrugada,
en las cuatro estaciones del año,
en el amor platónico
y en los versos que nunca escribí.

HÉROES ANÓNIMOS

A mis sobrinos

Los niños son los grandes héroes del espacio,
los que en medio del tránsito
van trocando el dolor,
son brotes de alegría,
vientos, marea,
huracanes tal vez.

Sin embargo, a veces van tan quietos,
tan anónimos y callados,
que no parecen niños.

A MI MADRE

Resurges en mi
queriendo resistir el paso del tiempo.
Envejece tu rostro
y también tu mirada.

Tus estaciones se prolongan por décadas.
Atrás quedó tu historia, tu cronología
y la herencia de tu amor se hizo
inquebrantable entre mis dedos.

Madre de la aurora y los océanos,
del paraíso, de los siete reinos
y de las luces que fluyen en mi
horizonte.

INFANCIA

Erigiendo universos,

entre rituales y plegarias mustias,

amasando ilusiones

pasó mi infancia,

sin vencidos

ni vencedores.

La infancia de papel,

de historias inventadas,

de sermones y letanía,

de ficción novelesca y cuentos de hadas.

RUTINA

La rutina tiene un sabor a cansancio,
una sensación de hastío,
una inquebrantable tozudez,
un sabor a hecho repetido,
una estacionaria forma,
que pauta cada instante de
mi vida.

La rutina,
creció en los ojos del letargo invernal,
en el hilo del bostezo,
en mi zona de confort.

MI TIERRA

Me marché de mi tierra para olvidar,
con los ojos abiertos al horizonte.

Mirando en cada alma peregrina,
el rostro luminoso de mi patria.

Desvelando en el asombro,
las revelaciones,
los misterios,
las perplejidades,
para convertir la palabra callada,
en una voz insular.

Mi tierra es un álamo que se multiplica,
que crece como un roble centenario
y sobrevive al crepúsculo,
en las voces de la lejanía,
que conservan su identidad.

DUERMO

Duermo para reposar
mis noches de insomnio,
para no pensar
en las señales de mi inconsciente.

Duermo porque mi mente
vaga detrás de una voz sin palabras,
en este espacio de tiempo sin sonidos.

Duermo porque a mi pensamiento
lo invaden antiguos recuerdos,
porque en mi carta astral
asciendes tú.

LUCERO

Engreído misterio,
desvelo y entraña de la noche,
si eliminaras tu pereza,
tu ociosa hermosura equidistante,
dejarías atrás tu anciano vértigo
y bajarías a fundirte con el verso,
en la infinitud de la palabra.

POEMA DE LA ESPERANZA

Bastaba un poco de ternura
para que dejaras hablar a las mariposas.
Un poco de esperanza,
para que comenzaras a creer en el futuro.

Hacía falta fe,
para que creyeras en la inmensidad del universo
y la bondad del hombre.

Bastaba un poco de imaginación,
para creer en las promesas
y empezar de nuevo.

CONSUMACIÓN

Ruinas en agonía,
solo eso ha quedado en tu devastadora órbita,
degeneradas caricias que van a la demencia.

Ignoro los elementos
que componen tu reino,
que eclipsan la tierra,
y se expanden
más allá de la galaxia.

ENIGMA

Tiempos conmovidos por los enigmas,
retorcido manantial de pureza,
mariposas blancas a las que
les niegan la vida.

Insurrectos estíos
a los que les han declarado la guerra,
espectros que aparecen en la oscuridad,
me obligan a seguir poetizando
lejos del hábitat.

ÚLTIMO DÍA

Frente al preludio del abismo, sepulto
la bandera que te ata,
ante el asombro de volver a la nada,
tu vida perdió su tenaz desafío.

Y la tierra se espanta
al ver que te despojas de tu propia escultura
y vuelves a tus orígenes,
a tu deshabitada morada,
siendo apenas una sombra.

DECADENCIA

Plenitud que se ahoga en agónico grito,
ensimismados vacíos que
circulan por la ciudad,
recorriendo sus desventuras.

Aquí se desvanece el aire
que quiebra tu imagen
y se escuchan huérfanas,
las voces que invaden el silencio.

DESDE MI ÁNGULO

Aquí he dejado de ser yo,
para ser vosotros.

Aquí,
casi anulada
escucho lo que otros quieren decir:
mentiras adornadas de tul,
negaciones envueltas en terciopelo,
afirmaciones que se alejan de la verdad.

Mis oídos,
se han acostumbrado
a oír sin escuchar,
mis ojos a ver sin mirar.

Estos muros,
estas paredes sin sentido concreto,
son la expresión de lo que niego
y lo que tengo.

Quiero dejar en libertad mi ser,
mi conciencia
y salir de esta cárcel,
de esta interminable pared
que no logro vencer.

MI CASA

Esta casa
con su anciano polvo, sus
envejecidos árboles, sus
párpados caídos,
este bastión de símbolos
y signos,
perpetua mi infancia.

Esta casa, renueva la luz del alborada,
con su aroma, sus jardines y su solemne calma.

CANTO A LA LLUVIA

Cuando caen tus lágrimas,

se queja el viento,

se arrodillan los árboles,

vuelan despavoridas las aves,

se escandalizan los mares,

la luz del sol desaparece

y yo te prefiero así,

serena,

dejando tus frías huellas,

sobre esta piel ligeramente triste,

inmensamente cansada.

PROHIBIDO AMOR

Este amor prohibido
se ha convertido en desvelo y delirio.

Sin escrúpulos
mis pasos
y mis instintos,
me guían hasta tu lecho azul.

Este amor prohibido,
pasión y fuego de una danza nocturna
que no se descifrar.

Que recorre mi cuerpo,
en la oscuridad de la noche,
dejando un mapa de deseos
que agitan el alma y
a mi corazón en vilo.

CAUTIVERIO

Exhausta mi silueta pasea
reproduciendo herméticos suspiros,
buscando entre afanes la libertad dibujada
sobre óleos azules.

Pienso en el lirio
que dejé junto al álamo,
en los pétalos y ópalos
olvidados en medio del camino.

Mutilado, mi espacio
entre férreos deseos,
trato de no extinguir
todas mis energías.

Hoy, siento el hastío de ver pasar las horas,
de no ver la hojarasca fingiendo estar presente.

Y lamento la ausencia de una mística aurora
y de la mariposa al corazón
prendida.

Se me ahogan los sueños
entre pájaros blancos,
en este cautiverio la musa se ha perdido.

SIN MIEDOS

Si llenaras
de quietud tus desiertos y
olvidaras las sombras del
espanto.
Si dejaras
de ser la mujer perfecta y te burlaras
de las voces que te atormentan.
Si cruzaras sin miedos, ni misterios el horizonte,
si dejaras a un lado las cenizas que te abrazan
y te alejaras de tu vacilante conciencia.

Encontrarías la alegría
al alcanzar una estrella,
en el vuelo de las mariposas,
o en el fondo de un poema.

CONFESIONES

No creas que extravíe el camino,
la poesía y
tu rostro,
trillan juntos
el mismo sendero.

He invocado a los dioses
y purificado mi espíritu,
he crecido sin límites,
en mi lucha infinita para llegar a ti.

DESDE AQUÍ

Desde esta

húmeda frontera,

escribo somnolientas metáforas,

sílabas casi muertas,

que claman por la paz.

Aquí se desvanece el aire y se escuchan huérfanas

las voces ancestrales que invaden el silencio.

EN MI ESPACIO

Pienso y me encuentro a
mi misma.

Hablo
y descubro vehemente
el ritmo
y la sintaxis.

Callo

y encuentro la vastedad del mundo en el silencio.

Escribo

y las gotas de agua que nutren el poema

caen en el oasis,

donde la fantasía y la ficción

son invencibles.

A ALGUIEN

Si te guardo como un secreto de estado,
si me callo tu nombre
y me duele que salgas de mis intimidades,
si me parece una perfidia
que no te quedes en mis profundidades,
es porque quiero eternizarte en las páginas de un libro.

Si te guardo como un secreto de estado, es porque en el
juego del amor los misterios se convierten en
complicidades,
en brío, en fuego y llama.

74

ESPERA

En medio de la sordidez
crecida repito su nombre.

Él no sabe que existo,
a pesar de mi palidez,
de mi insinuante verbo,
de los túneles recorridos.

No sabe que existo,
a pesar de mi desvelo,
de mis noches de insomnio,
de la infinita pasión.

TIEMPO

Mañana te encontrarás con la misma figura,
solo que no tendrá su ingenua forma,
con la misma sonrisa
que no tendrá su inocente alegría.

Te encontrarás con una mirada envejecida,
de ver pasar los años
y una vida que pasa en busca de otra vida.

PARTIDA

Dejó inéditas las palabras que
esperaban ser impresas,
los sueños truncados de abril.

Dejó sin concluir amores que existieron,
sin guarida sus ancianos quebrantos.

Dejó fugitiva la alegría,
como dejó todo
hasta su propia vida.

SOLILOQUIO

En medio de este soliloquio,
intento sustituir el esqueleto,
la moribunda historia,
del hombre muerto que habita mi casa.

En este monólogo
he transformado tus ruinas
y tu senil misterio,
hoy excluí de mis ojos
tu envejecida y diluida máscara.

BUSCÁNDOTE

En la aurora

he comenzado a extrañar tu aroma,

a hierba buena, a flor distante.

Te prefiero al alba,

bajo la ingenua luz del sol naciente

y te busco en la noche

bajo la poderosa luz de mis tormentas.

DONCELLA DE ABRIL

Doncella de abril,
de este abril reconstruido
entre mármol
y lápidas.

Dibujado está tu rostro,
en la primavera sonámbula y aguda.

En este abril
que quedó dibujado en tu cadera
y tu vientre.

Doncella de abril,
de este abril primogénito
y sombrío.

Doncella vencida
por la invasión de tu territorio
y tu sexo.

Adocenada bajo una piel foránea
en un crujir de abril, de este
abril que desvaneció en tu pecho.

De este abril implacable y efímero,
de episodios y vientos oxidados.

Made in the USA
Columbia, SC
24 October 2024

44617116R00050